Soldat de Plomb
Une indéfectible fidélité à la famille Debussy.

Emma et Chouchou
De retour du Bois de Boulogne.

Les sirènes
Un chant empreint d'une mystérieuse beauté.

Alain Marguerat
Les postes suisses
peuvent compter sur lui.

Jules Moreau
La France peut compter sur lui.

À la découverte de la musique classique
Volume 3

Super Presto et Moderato
rencontrent

Claude Debussy

Une histoire écrite par Michel Cardinaux

Illustrations: Anouck Bécherraz
Récitants: Francine Perrin et Michel Toman

Rapsodia

Éditions RAPSODIA
www.yso.ch

ISBN 978-2-9700471-2-4

Achevé d'imprimer en Suisse par Sprint votre imprimeur à Yverdon-les-Bains

1 - Lorsqu'il n'y a plus de sable à chat, qu'il pleuve, neige ou brûle ici-bas, je ne saurais laisser mon chat dans l'embarras. Hé! Hé! Quel humour!
100% Naturel
Chatsanbon
Litière hygiénique avec granulés désodorisants
Les Coquettes

2 - Hou! Hou! Super Presto, pas si vite!

- Ah! Bonjour Madame Bornand, je...

- Tu sais quoi Super Presto? Eh ben j'aime pas trop la pluie, parce que les laitucs qui poussent dans mon jardin elles vont pourrir avec un temps pareil.

- Mais non Madame Born...

- Dis donc Super Presto, ton prénom c'est Super ou bien c'est Presto?

- En réalité, cela n'a pas tellement d'importance parce que tout le monde m'appelle Super Presto et...

- Comment? Tu trouves qu'un temps pareil ça n'a pas d'importance. Tu pourrais au moins te soucier de mes laitues.

- Mais non, je disais simplement que...

- Bon, il faut que j'aille les surveiller de près ces laitues: elles vont finir par s'enrhumer avec un temps pareil. Alors à bientôt mon garçon. Ah! Dis donc, pendant qu'on y est, comment tu t'appelles déjà ?
- Mais enfin Madame Bornand, je m'appelle Super Presto. Et puis zut! Je dois partir, mon chat m'attend.
- Encore une dernière question avant qu'on se quitte: ton prénom, c'est Presto ou bien c'est Super?
Juliette Maxime
icien

③ - Moderato, coucou!
Où es-tu petit amour de chat?

Moderato!

Qu'est-ce que
tu es en train de fabriquer?
Ne t'avise surtout pas de
toucher à une seule écaille
de mes poissons d'or.
Allez, déguerpis!!!

Ne fais pas de mal aux souris... ne cours pas après les rats... ne touche pas à mes poissons... pfff! Ce n'est plus une vie de chat...
(4) Il y a des jours où je ne sais plus que faire avec Moderato, car il devient de plus en plus désobéissant. Heureusement que je viens d'acheter un livre qui m'aidera à parfaire son éducation. Voyons...
Grâce à mon ouvrage acheté 21 Euros TTC, vous trouverez, cher lecteur, les conseils indispensables à la bonne éducation de votre compagnon à quatre pattes. Tout d'abord, permettez que je m'inscrive en faux contre l'affirmation du célèbre psychatre Sigmund Chreud pour qui, «quoi qu'on fasse avec un chat, on a toujours tort.»
Charles Attant
101 conseils pour éduquer votre chat
Éditions du chat botté
101 conseils pour éduquer votre chat
Éditions du chat botté

Ah! Qu'est-ce qu'il fait chaud ici...
Mais que se passe-t-il?
On dirait que la maison est en train de bouger.
Ce n'est pas possible, vite ouvrons la fenêtre.
Que d'eau! Que d'eau!

- Moderato, tends-moi ta patte!

- Où sommes-nous?

- Super Presto et Moderato je présume?

- Euh... oui.

- Cela fait une bonne heure que je vous attends.

- Ça alors, mais je n'en crois pas mes yeux! Vous êtes Claude Debussy.

- Oui, lui-même, et...

hi hi hiiii
Cabine
Cabine
la pluie
inondati
dans la vi

(5) - Il nous faut y aller!

- Super Presto et Moderato, je vous présente Louis Blériot.

- Monsieur Blériot, à l'école on m'a parlé de vos exploits.
Avec votre aéroplane, vous êtes le premier à avoir franchi la Manche en 1909.

- Eh oui! Le 25 juillet dernier, j'atterris sur territoire anglais et gagne ainsi les mille livres offertes par le Daily Mail. Bon, et maintenant montez.

- Monsieur Blériot, pouvez-vous nous conduire à Paris?

- Hélas, la chose n'est pas envisageable,
car la vitesse de cet appareil n'excède pas soixante Kilomètres à l'heure;
et je ne vole en principe pas plus d'une trentaine de minutes,
à cause de possibles ennuis mécaniques.

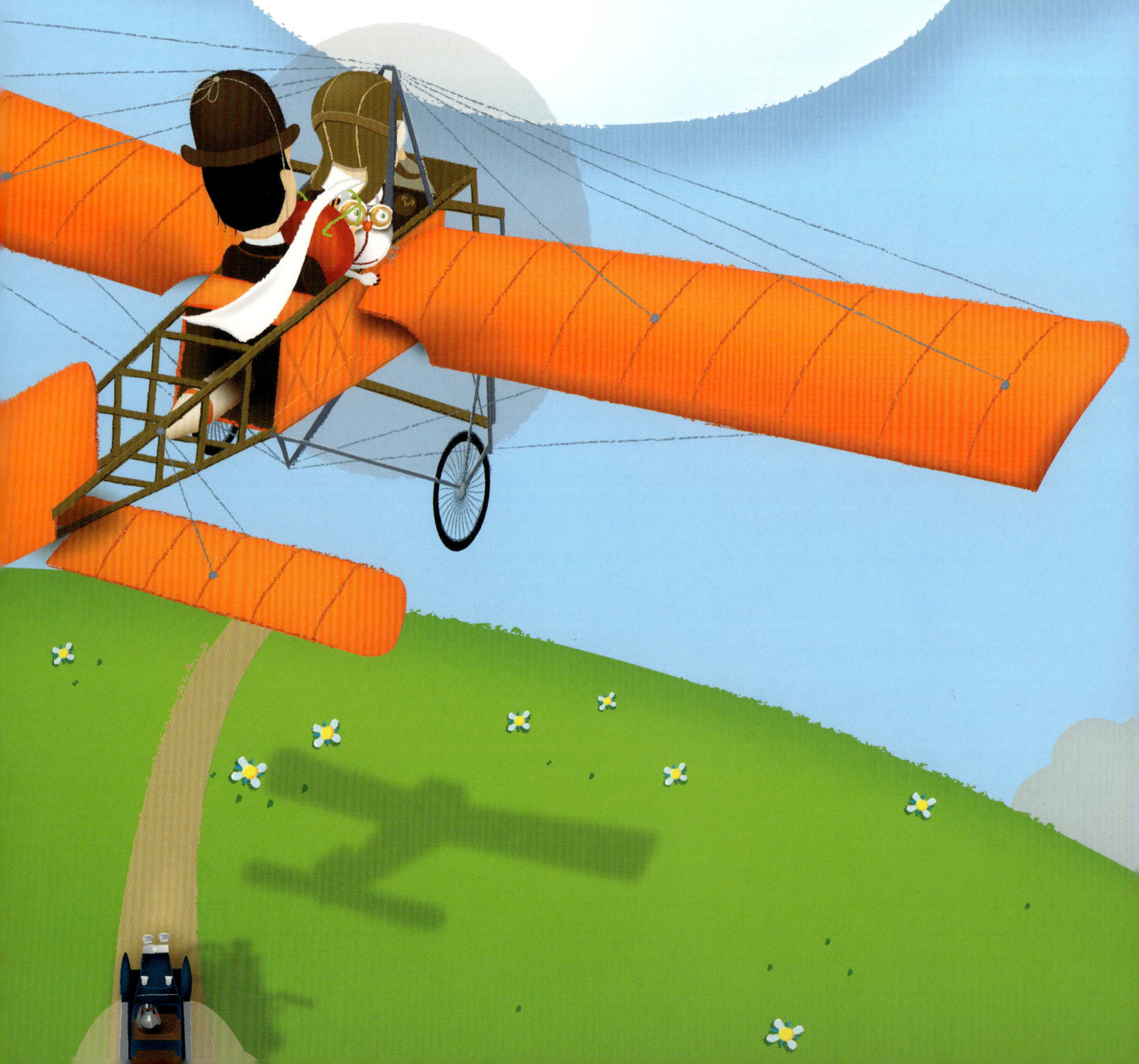

- Qu'est-ce qu'il y a?

- Nous tombons!

- Nom d'un chat privé de moustaches, si je n'interviens pas rapidement c'en sera bientôt fini de nos aventures... Vite! La formule magique. Au nom de tous les compositeurs réunis au paradis, faites que cet aéroplane atterrisse sans dommage aucun.

- Super Presto, tu nous as sauvé la vie! Est-ce que par hasard, tu ne chercherais pas un peu de travail? Je pourrais t'engager et...

- Monsieur Blériot, pardonnez-moi de vous interrompre, mon chauffeur arrive et nous devons y aller. Vous savez, il y a toujours quelqu'un qui nous attend quelque part.

(6) - Et voici Soldat de plomb! Figurez-vous qu'il sort du coffre à jouets appartenant à ma fille Chouchou. Comme il m'est très dévoué, j'ai promis d'écrire un jour une œuvre dont il sera le héros. Mais pour l'instant, en route!
(7) - Monsieur Debussy, où donc allons-nous?
- À Paris bien évidemment, la ville où j'exerce mon métier de compositeur.
500
356 km
broum
Paris 200 km
encore

(8) - Monsieur Debussy, puis-je vous poser une question?

- Oui, bien sûr!

- Qu'est-ce qui vous inspire lorsque vous composez?

- Voilà une question qui mérite une prompte réponse.

Soldat de plomb je te prie, arrête l'automobile.

- Suivez-moi.

Je me laisse imprégner par cette belle leçon de liberté
contenue dans l'épanouissement des arbres...
Ce que je compose n'est cependant pas
une reproduction exacte de la nature,
plutôt un mystérieux accord entre elle et mon imagination.
N'écoutez les conseils de personne sinon du vent qui passe
et nous raconte l'histoire du monde.

⑨ - Je suis également très sensible à la littérature, notamment à la poésie :
« Les feuilles s'ouvraient
sur le bord des branches,
Délicatement,
Les cloches tintaient,
légères et franches,
Dans le ciel clément. »

(10) - D'autres poèmes m'ont également inspiré, tel le Prélude à l'après-midi d'un faune de Stéphane Mallarmé. Super Presto, imagine un berger jouant de la flûte.

- Mes amis, il est temps de rejoindre Paris.

(11) - Monsieur Debussy, ne trouvez-vous pas que depuis quelques minutes il fait de plus en plus froid?

- Oui, mais je n'y comprends rien, nous sommes pourtant en août, en août 1909...

- Je crois que nous sommes en train de vivre une compression de l'espace-temps, car nous n'avons pas quitté notre époque au moyen du diapason magique. La mer, en quelque sorte, nous a enlevés; et c'est probablement la raison pour laquelle tout se dérègle dans votre présent. On se croirait en plein hiver.

- Ne venez pas jusqu'ici, il vous faut absolument contourner Alfortville, car la Seine est en crue! Trois mètres d'eau submergent la banlieue de Paris; des ponts et des usines sont emportés, des routes et des voies ferrées coupées. En ville, la situation est également catastrophique.

- Cela est invraisemblable! Quel jour sommes-nous?

- Le 28 janvier.

- Mais de quelle année?

- Pardon, que me demandez-vous? Mais enfin, nous sommes en 1910 voyons!

- Vite, partons!

- Monsieur! La circulation est interdite à partir d'ici. Veuillez parquer votre automobile et poursuivre à pied.
- Ah! Cela est bien embêtant, car nous nous rendons au Bois de Boulogne.
- Eh bien! Il vous faudra traverser la Seine par l'un des ponts encore ouverts à la circulation.

- Afin de poursuivre notre chemin, empruntons ces gigantesques passerelles.

- Monsieur Debussy,
ce n'est pas tous les jours
que l'on visite le Paris
de la Belle Époque.
Je voudrais tant voir la Tour Eiffel.

- Super Presto, je n'y vois aucune objection, car nous sommes Place des Invalides, donc dans le septième arrondissement.

- Oh ! Oh ! Faites attention ! Il faut
le pied marin. Où allez-vous avec ce ch
- Nous nous rendons à la Tour Eiffel.
- Alors bonne route, ou plutôt bonne traversée et veillez à ce que votre compagnon à quatre pattes ne s'égare pas !

PLAN de Paris

En plein Paris, la barque est certainement un moyen de transport très original.

- Voilà, il nous reste à suivre la rue de l'Université, elle nous conduira à la Tour Eiffel.

- Moderato, regarde, la Tour de Gustave Eiffel !
PLAN de Paris

Que d'eau! Que d'eau!
- Voilà mes amis, nous passons le pont de l'Alma et rejoignons le seizième arrondissement où j'habite.

- Monsieur Debussy, là, devant nous, regardez! Des sirènes...
- Oui, ces sirènes font partie de mon œuvre et dans Paris inondé, ma musique enfin peut résonner jusque dans l'infini.

- Chouchou est une petite personne
parfois insupportable,
mais le plus souvent charmante.
Depuis plusieurs jours, j'ai été bien privé
de ne plus voir sa jolie petite figure
ni d'entendre ses chansons
ou ses éclats de rire.
En attendant, venez au salon,
je vais vous jouer un de mes morceaux.

Prochainement
Tournée du Chat Noir
Rodolphe Salis
⑫ - Tout d'abord une valse que je viens de composer: la Plus que lente.
Quelle puce collante?

Prochainement
13 - Oh! Voilà que notre chat s'est endormi. Jouons-lui plutôt une musique des profondeurs, la Cathédrale engloutie...
- Hou! Hou! Claude, nous sommes de retour!
- Emma et Chouchou, venez que je vous présente Super Presto et Moderato, deux voyageurs du futur.

(14) - Hélas, Monsieur Debussy, la mer déjà nous emporte...
- Au revoir mes amis!
- Claude, mais il n'y a personne ici. Tu es sûr que tout va bien?
- Emma, je... je crois que je viens de perdre deux amis très chers.

- Dis donc Super Presto, qu'est-ce que vous faites tous les deux sur le toit de votre maison par un temps pareil? Déjà que sans pluie, on pourrait légitimement se poser la question.
la Poste

- Ah! Bonjour Madame Bornand, euh!
On revient d'un très long voyage et...
- Tu avoueras tout de même que c'est
une curieuse façon de rentrer chez soi!
- Super Presto, il y a une carte postale pour toi!
- Oui et alors Monsieur le facteur?
- Ben! C'est incroyable, parce que le cachet postal
mentionne la date du 4 février 1910,
alors que si je ne fais erreur t'étais pas encore né!
Ainsi, cette carte est restée égarée durant presque cent ans
dans nos services et vient de réapparaître mystérieusement.
Elle a été rédigée par un certain Claude.
- Ah! Mais je sais de qui il s'agit.
- Regarde! On peut pas déchiffrer entièrement
le nom de ton correspondant, car il y a un petit peu d'eau
à l'endroit de la signature, mais ça commence par un D.
La carte postée à Paris a donc été écrite
par Claude de France.
- Facteur, ce qui arrive est extraordinaire!
C'est une carte postale de Claude Debussy.
- Dis donc Super Presto, c'est qui ce gaillard?
- Mais enfin Madame Bornand,
c'est un grand compositeur de musique!
- Merci pour le renseignement, je tâcherai de m'en souvenir.
Ah! Juste encore une petite question avant qu'on se quitte,
ton prénom c'est Super ou bien c'est Presto?
- Oh! Et puis zut Madame Bornand,
la famille Souris nous attend...

(15) - Moderato, j'ai vraiment hâte de lire la carte de Monsieur Debussy.

Paris 4 février 1910
CARTE POSTALE
Tour Eiffel - Paris
4 février 1910
Mes chers amis,
Chouchou a été bien malheureuse de ne pouvoir vous rencontrer, mais je lui parle souvent de notre aventure. Nous qui ne voyons jamais que l'envers de nos destinées, sachez cependant que dans un monde ou dans un autre nous nous retrouverons un jour.
Au revoir, et n'écoutez les conseils de personne sinon du vent qui passe et nous raconte l'histoire du monde.
Votre vieux dévoué
Monsieur Super Presto
Rue des Fondils 51 b
Yverdon - Suisse

Claude Debussy à son bureau. Cliché BNF, Paris.

Claude Debussy naquit à Saint-Germain-en-Laye le 22 août 1862 et mourut à Paris le 26 mars 1918. Rebelle dans l'âme, Debussy récusa une partie de l'enseignement qu'il reçut au Conservatoire de Paris et avoua un jour qu'il était incapable d'harmoniser une mélodie selon la «manière admise». À l'un de ses professeurs qui lui demandait quelle était sa «règle», notre jeune audacieux répondit simplement: «mon plaisir».
En 1879, engagé en tant que pianiste et professeur par l'égérie de Tchaïkovski, Mme von Meck, Debussy voyage et enrichit ainsi son horizon culturel. En 1884, il remporte le Prix de Rome grâce à sa cantate intitulée «L'enfant prodigue» et devient pensionnaire de l'Académie des Beaux Arts à Rome. Mais l'atmosphère trop guindée qu'il y découvre lui devient vite insupportable.

De retour à Paris, il fréquente de jeunes artistes et poètes qui aspirent à rendre dans leurs œuvres l'aspect libre de la vie et à représenter non les objets, mais le reflet ou plutôt l'impression qu'ils suscitent.
Qu'il s'agisse du Prélude à l'après-midi d'un faune, du triptyque symphonique intitulé La Mer, de l'opéra Pelléas et Mélisande ou encore des Préludes pour piano, on ne peut que louer l'étrangeté et la nouveauté du langage de Claude Debussy. À cet égard, le témoignage d'Émile Vuillermoz nous est précieux: «Je le revois en tête à tête avec l'ivoire, avec cet air absent et obstiné d'explorateur de l'inconnaissable...»
Sa musique reste un modèle inégalé de concision d'où la tendresse du sentiment cependant toujours émerge.

Bruitage : enregistrements provenant des archives RSR et de Marc Champod.
Crédit photographique: Vues de Paris (Clichés Séeberger frères, Arch. Phot. Coll. MAP © CMN. Paris).

Extraits musicaux de notre CD

1 DEBUSSY, Jardins sous la pluie tirés des Estampes,
Walter Gieseking, piano. ℗ & © 1953, EMI Records Ltd.
2 DEBUSSY, Prélude tiré de Pour le piano,
Walter Gieseking, piano. ℗ & © 1953, EMI Records Ltd.
3 DEBUSSY, Poissons d'or tirés des Images, deuxième série,
Walter Gieseking, piano. ℗ & © 1953, EMI Records Ltd.
4 & 14 DEBUSSY, Jeux de vagues tirés de la Mer,
Orchestre National de l'ORTF, dir. Jean Martinon.
℗ & © 1974, EMI Pathé Marconi SA.
5 ORNSTEIN, Suicide in an Airplane,
Marc-André Hamelin, piano.
℗ & © 2002, Hyperion Records limited, London.
6 DEBUSSY, Le Magasin de jouets tiré de la Boîte à joujoux,
Orchestre National de l'ORTF, dir. Jean Martinon.
℗ & © 1974, EMI Pathé Marconi SA.
7 DEBUSSY, Fantaisie pour piano & orchestre,
Orchestre National de l'ORTF, solo Aldo Ciccolini & dir. Jean Martinon.
℗ & © 1974, EMI Pathé Marconi SA.
8 DEBUSSY, Danses pour harpe chromatique & cordes,
Yverdon-les-Bains String Orchestra,
solo Christine Fleischmann & dir. Michel Cardinaux
℗ & © 2005, Rapsodia, Yverdon-les-Bains
9 DEBUSSY, Les Cloches,
Gérard Souzay, baryton & Dalton Baldwin, piano.
℗ & © 1962, Deutsche Grammophon GmbH.
Licensed by Deutsche Grammophon GmbH, Hamburg. CatNo.: 463 664-2
10 DEBUSSY, Prélude à l'après-midi d'un faune,
Orchestre National de l'ORTF, dir. Jean Martinon.
℗ & © 1974, EMI Pathé Marconi SA.
11 & 15 DEBUSSY, Nocturnes
Orchestre National de l'ORTF, dir. Jean Martinon.
℗ & © 1974, EMI Pathé Marconi SA.
12 DEBUSSY, La Plus que lente,
Walter Gieseking, piano. ℗ & © 1953, EMI Records Ltd.
13 DEBUSSY, La Cathédrale engloutie tirée de Préludes, livre I
Walter Gieseking, piano. ℗ & © 1953, EMI Records Ltd.

Claude Debussy (1862-1918)

16 Jardins sous la pluie	3 : 17
17 Poissons d'or	3 :08
18 La Plus que lente	3 : 22
19 Les Cloches	2 : 15
La Mer	
20 Jeux de vagues	7 :04
Danses pour harpe chromatique et cordes	
21 Danse sacrée	4 :50
22 Danse profane	4 :50
Durée totale:	60:05

Louis Blériot
Ô avion, ne suspends point ton vol !

Claude Debussy
La classe à l'état pur.

Madame Bornand
L'incompréhension à l'état pur.

Super Presto et Moderato
Premier contact avec la Belle Époque.

Nos héros
En route pour Paris.